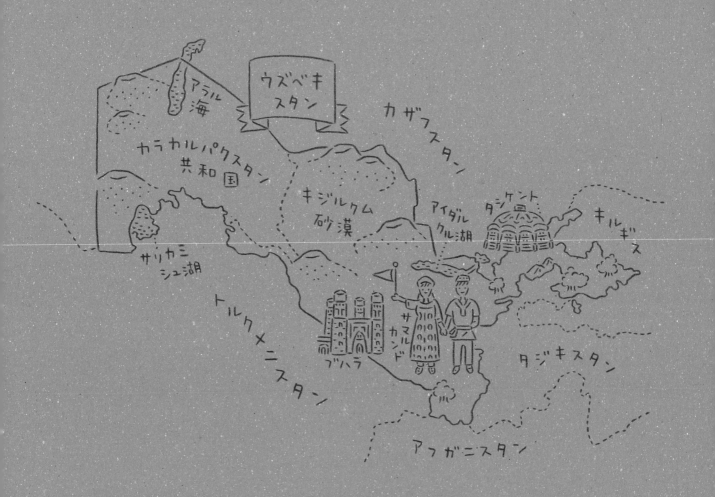

Uzbekistan

世界のともだち 36

ウズベキスタン

シルクロードの少年 サブラト

百々新

Salom
サローム（こんにちは）
mening ismim
ぼくの名前は
AMONOV SAVLATJON
アモノフ サブラトジョンです。

こんにちは。
ぼくの名前は
サブラトです。

中央アジアのどまんなか。
ブルータイルでいろどられた
シルクロードの古都、
サマルカンドに11才のサブラトは
くらしています。

にぎやかなサブラト一家がせいぞろい。左から、弟、お父さん、サブラト、お姉ちゃん、お母さん

サブラトの家族

　サブラトは5人家族。サマルカンドのレギスタン広場の裏、旧市街で生活しています。お父さんのアリシェ・ジュマエフ（41才）は、電気会社のエンジニア。お母さんのディラフロス・ジュマエフ（34才）は、フランス語と英語を話し、レギスタン広場でガイドをしています。働きもののお父さんとお母さんは、お見合いで結婚しました。ウズベキスタンでは、息子がお父さんに「あそこの娘さんと結婚したい！」というと、お父さんどうしが「いやいや、どうもどうも」と話しあい、結婚が決まることが多いそうです。お父さんとお母さんは知りあってから2回電話で話し、3回会って結婚しました。
　姉のアジザ・アモノフ（14才）は中学生。家事もするし、弟たちのめんどうもみる、がんばりやさん。弟のダラワチョフ・アモノフ（2才）はやんちゃでひょうきんな末っ子。そして、犬のレックス（1才）はちょっとおくびょうな番犬です。

伝統的な名前を持つお父さんは、電気会社で送電線のエンジニアをしている

海外からの観光客を案内するお母さん

気だてのいいお姉ちゃん

両親の結婚式のときの写真

やんちゃな弟、ダラワチョフ

家族のなかでサブラトにいちばんなついているレックス

お父さんにほめられてよろこぶサブラト

サブラトのこと

　サブラトジョン・アモノフ（11才）、5年生。「人びとに尊敬されるように」という願いがこめられた名前です。出かける前にはきちんとくつをみがき、いまは洋服に興味があると話します。たくさん持っている洋服のなかでも、赤と緑のシャツが気にいっています。外であそぶのも好きだけれど、最近はタブレットでゲームをするのが楽しみです。

　数学がとくいで、勉強熱心なサブラト。学校の成績は、いつも満点だそうです。毎日少しずつ出る宿題にも真剣にとりくみ、ねるのはだいたい夜の11時になってしまうほどです。力が強くて、ならいごとをたくさんやっていることもあり、学校ではみんなから尊敬されているタイプ。男友だちがたくさんいて、女の子のクラスメイトとも、うまくやれていると思っています。将来は、お母さんのように、レギスタン広場で日本語と英語のガイドの仕事をしたいと考えているそうです。

どこにでも行けるBMXが愛車

大切な友だちと

英語の辞書がたからもの

タブレットと携帯電話

小学校の入学式のときの写真

弟とサッカーをするのも楽しい

毎日くつをちゃんとみがく。みだしなみは足元から!

プロパンガスで動くサブラト家の自動車

ウズベキスタンの家の玄関はみんな大きい

玄関を入ると、細長い台所がある

朝ごはんは、台所のテーブルで食べる

居間にあるサブラトのベッド

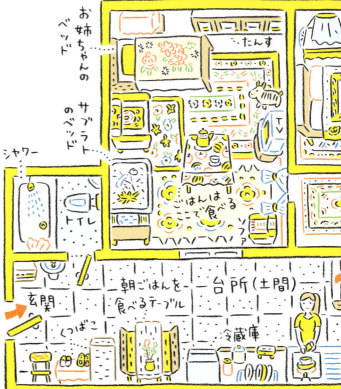

サブラトの家

　サブラト一家は以前、郊外で父方のおじいさん家族といっしょにくらしていました。その後、旧市街のいまの家にひっこしてきました。イスラム教の礼拝堂であるモスクのわきから、入りくんだ細い路地を進み、行きどまりのところがサブラトの家。
　大きな玄関のとびらを開けると、土間になった細長い台所。その奥にじゅうたんがしきつめられた部

両親の部屋
庭
ゲストハウス予定地

広い庭に、ゲストハウスができるかも！

きょうの夜ごはんは、お母さん特製プロフ

両親と弟、ダラワチョフの寝室

おばあちゃんが来てくれた！

屋がふたつあります。ひとつは居間。テレビとテーブル、ガスストーブがならび、ここでごはんも食べます。居間には、ベッドもふたつあり、お姉ちゃんとサブラトはここでねます。もうひとつの部屋は、お父さんとお母さん、弟の寝室です。犬のレックスがいつもいる広い庭には、サブラトやお姉ちゃんの部屋をこれから増築する予定だそうです。ゆくゆくは、庭にたつ大きな木をかこむように、家族で経営するゲストハウス（小さなホテル）をたてるのが、サブラト一家の夢です。

レギスタン広場には、イスラム教の学校(メドレセ)が3つあつまっている

レギスタン広場でお手伝い

　青いタイルでおおわれた、イスラム教のたてものがならぶレギスタン広場。世界中から観光客がおとずれます。サブラトのおばあさんは、歴史あるこの広場のなかで、おみやげ屋さんを経営しています。伝統的なスザニとよばれるししゅうがほどこされた布や、綿花模様の食器、民族衣装にぼうしや人形、アクセサリーやキーホルダーなどがところせましと

お店で売っている、あざやかな色のおみやげ

「これ、人気ですよ!」すすめ上手なサブラト

料金受取人払郵便

牛込局承認

8420

差出有効期間
2024年2月29日
(期間後は切手を
おはりください。)

郵便はがき

162-8790
東京都新宿区市谷砂土原町3-5

偕成社 愛読者係 行

ご住所	〒 □□□-□□□□		都・道府・県
	ふりがな		

お名前	ふりがな	お電話	

●ロングセラー&ベストセラー目録の送付を……　□希望する　□希望しない

●新刊案内を……　□希望する→メールマガジンでご対応しております。メールアドレスをご記入ください。
　　　　　　　　□希望しない
@

偕成社の本は、全国の書店でおとりよせいただけます。
小社から直接ご購入いただくこともできますが、その際は本の代金に加えて送料＋代引き手数料（300円～600円）を別途申し受けます。あらかじめご了承ください。
ご希望の際は03-3260-3221までお電話ください。

SNS（Twitter・Instagram・LINE・Facebook）でも本の情報をお届けしています。
くわしくは偕成社ホームページをご覧ください。

オフィシャルサイト
偕成社ホームページ
http://www.kaiseisha.co.jp/

偕成社ウェブマガジン
kaisei web
http://kaiseiweb.kaiseisha.co.jp/

＊ご記入いただいた個人情報は、お問い合わせへのご返事、目録の送付以外の目的には使用いたしません。

ご愛読ありがとうございます

今後の出版の参考のため、みなさまのご意見・ご感想をお聞かせください。

〈年齢・性別の項目へのご回答は任意です〉

この本の書名『   』

この本の読者との関係
☐ご本人 ☐その他（   ）

ご年齢 （読者がお子さまの場合お子さまの年齢）　　　　　　　　　歳（性別　　　　　）

この本のことは、何でお知りになりましたか？
☐書店店頭 ☐新聞広告 ☐新聞・雑誌の記事 ☐ネットの記事 ☐人にすすめられて
☐図書館・図書室 ☐偕成社の目録 ☐偕成社のHP・SNS
☐その他（   ）

作品へのご感想、ご意見、作者へのおたよりなど、お聞かせください。

ご感想を、匿名でウェブサイトをふくむ宣伝物に使用させていただいてもよろしいですか？　　☐匿名で可　　☐不可

レギスタン広場の一角に、サブラトのおばあさんのお店がある

ひみつの階段をのぼって、塔のてっぺんへ！

イスラム教の礼拝堂のなか。ドーム天井が光りかがやいている

きれいにライトアップされる夜にも、観光客があつまる

ならぶお店です。サブラトのお母さんの仕事場もここ。観光客のガイドをしています。レギスタン広場は、サブラト一家の生活の場でもあるのです。

　サブラトも、土曜日の午後には親せきのおばさんといっしょに、おみやげ屋さんのお手伝い。お客さんに上手に商品をすすめます。お手伝いのあいまに、レギスタン広場のひみつの階段につれて行ってくれました。ぐいぐいと屋根の上までのぼり、塔のてっぺんへ。サブラトは、ほこらしげな顔でサマルカンドの街をながめていました。

アモノフおじいさんの家

父方のアモノフおじいさん（69才）の家にお父さんの運転する車でむかいました。車は、ガソリンではなく、ウズベキスタンでたくさんとれるプロパンガスが燃料です。15分くらいで到着。おじいさんはとにかく明るく、おばあさんはやさしくみんなをむかえてくれました。サブラトはおじいさんにハグをして、おたがいのほほにキッスをかわし、あい

「ひさしぶり！」おじいさんにハグ

みんなに会えたことに感謝の祈りをささげる

さつをします。ウズベキスタンでは、名字はおじいさんの名前をもらいます。サブラトとお姉ちゃんと弟は、おじいさんからアモノフという名前を名字にもらいました。

子どもたちがあそんでいるあいだにおばあさんとお母さんがごちそうを作り、みんなで楽しく食べました。息子と孫たちが帰ってきておじいさんはごきげん。むかし戦争に行ったことを、大好きなロシアのお酒、ウオッカを飲みながら話してくれました。

↑ じゃがいもとにんじんのショルパ（羊の肉と野菜のスープ）

↑ たくさんお皿がならぶのがウズベキスタンスタイル

← 兵士だったおじいさんの勲章

乾杯、みんなの健康を祈って

おじいさん、弟、お父さん。そっくり3世代

またあそびにくるね！ やさしい気もちになれた時間

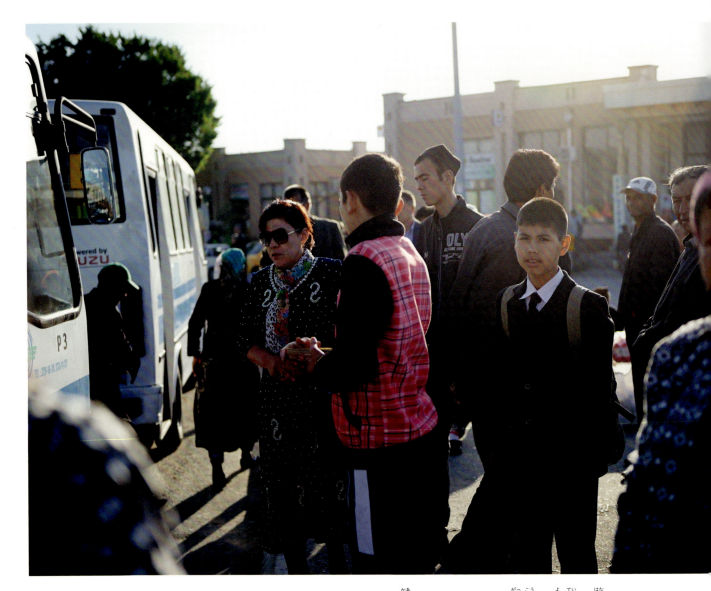

学校へ行く

　学校へ行く朝は、6時に起きます。歯をみがいて、ねまきにしているアニメのキャラクターのついたトレーナーから、白いワイシャツにネクタイ、黒のズボンの制服に着がえます。ぱりっとした制服を着たサブラトはまるで大人のよう。まだねむたそうな顔をしたまま、朝ごはんです。お母さんが焼いてくれたクレープに自家製のイチゴジャムをぬったもの。お母さんときょうの学校の予定を話しながら、わすれものがないかチェックして家を出ました。
　朝からにぎわう市場、シャブバザールをぬけて、バス停へと歩きます。学校までは、路線バスで25分。とちゅうでクラスメイトがおなじバスにのってきました。なにやら楽しそうに話しています。イスラム教のならわしで、バスでは女性が前の方、男性がうしろの方にすわります。朝のバスはいつも混みますが、女性や小さい子ども、お年よりには、男性や若い人が率先して席をゆずります。

しっかりと歯みがき

Start スタート

6時に起きる。まだねむい

朝ごはんはクレープに家製のイチゴジャム

お母さんとお姉ちゃんが朝ごはんの準備

朝ごはんを待つサブラト。まだ半分ねてる……

バスのなかで友だちと合流!

7時半に、学校に到着!

Goal! ゴール

ウズベキスタンでは義務教育は12年間です。小学校は4年生まで。5〜9年生は中学校、10〜12年生が高校です。今年5年生のサブラトは、住んでいるところから少しはなれた、評判のいい第33中学校に通っています。5年生はぜんぶで5クラスあり、サブラトのクラスは37人。学校は、午前と午後の2部にわかれています。サブラトは朝8時から午後1時に授業がある午前の部、お姉ちゃんのアジザは午後1時から午後6時に学ぶ午後の部です。国語（ウズベク語）、ロシア語、英語、数

教室にかこまれるようにして、校庭がある

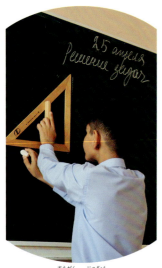

数学の授業

手をあげるサブラト。ちょっと自信なさげ？

担任の先生

学校のろうか。左に見えるパイプのようなものは暖房

学、社会、生物、工作、体育などの科目があり、とくに、国語、ロシア語、英語の語学の授業時間がたくさんあります。宿題は毎日すべての科目で少しずつ出るそうです。サブラトのとくいな科目は数学ですが、将来は、きれいな国、というイメージのあるフランスや日本に行ってみたいと思っていて、そのためにも、語学の授業もがんばって勉強しています。授業にはない日本語もならっています。じっくり考え、発音をたしかめながら勉強するサブラトのすがたは、とてもいきいきとしていました。

授業は、ピリッとしたあいさつからはじまる

数学の教科書

宇宙ステーションの絵。ウズベキスタン出身の宇宙飛行士もいる

放課後のいろいろ

　サブラトは放課後もとてもいそがしい男の子です。月曜日は、クラフト教室。模型の飛行機を作ることで有名な先生の教室が、前に通っていた小学校で開かれ、飛行機が好きなサブラトは、そこにいまでも通っています。火曜日と木曜日は日本語の日。サマルカンド国立外国語大学のフィルさんからならっています。土曜日は、レギスタン広場のおみやげ屋さんのお手伝い。お店の商品をきちんとお客さんに説明してすすめています。「せっかくだから、民族衣装を着て、ぼうしをかぶってお客さ

レギスタンの裏道を歩く

行きつけの神経質な床屋さん

おみやげ屋さんのアイドルになれるかな？

学校帰りのバス

友だちといっしょに

クラフト教室のある小学校

クラフト教室のみんなで。先生はロシアでも有名

少し角度がちがうだけで、飛びかたがだいぶ変わるそう

先生にヒントを聞く

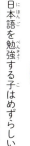

日本語を勉強する子はめずらしい

弟を託児所にむかえに行く

んをよんだら？」というと、いちどは着てくれましたが、はずかしがってすぐにぬいでしまいました。帰り道にソフトクリームを買い、なめながら帰るのも、土曜日の楽しみです。ならいごとのない日は、モスクのまわりのあき地で友だちとサッカーをしたり、自転車にのったりしてあそびます。夕方になると、大好きな弟のダラワチョフを託児所におむかえに行き、夕日に背中を押されながら、手をつないで帰ります。

市場でお買いもの

お買いものはいつも近くの市場、シャブバザールに行きます。市場には、朝早くからものを売る人がサマルカンドの各地からあつまります。季節の野菜やくだもの、肉やパン、香辛料などの食べものをはじめ、文房具などもならび、たくさんの人がお買いものにやってきます。女性は色あざやかな民族衣装をまとい、とてもきらびやかな雰囲気です。

サマルカンドの台所、シャブバザール

パーティーに持って行くおかしをお母さんとえらぶ

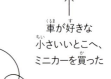

車が好きな小さいいとこへ、ミニカーを買った

バザールは朝早くから活気がある

雑貨屋のお姉さん

サマルカンドのパンは中央アジアでいちばん！

台所にはいつもお母さんとお姉ちゃん

アチュク。トマトとキュウリのサラダ

肉と野菜のスープ、ショルパ

ヨーグルト

毎日のごはん

　ウズベキスタンの人たちの多くは、もともと移動しながら生活する遊牧民でした。その影響か、羊や山羊の肉を好んで食べます。サブラトも肉が大好き。最近はやっているハンバーガーがお気にいりです。また、大陸のまんなかにある国なので、遊牧民が食べてきた料理にくわえ、ロシアからやってきた料理、中国やペルシアからの料理など、さまざまなものをおいしく食べられます。

　伝統的な料理、プロフは肉とにんじん、たまねぎのたきこみごはん。サブラトの家でもよく食べます。ほかにシャシリクという肉の串焼き、うどんのような麺類、マントゥという肉まん、平たいパン、肉と野菜のスープのショルパなどがあります。ごはんのときには、サブラトたちは緑茶や紅茶を、お父さんはビールやウオッカを飲みます。

肉の串焼き、シャシリク

ミンチシャシリク

遊牧民は肉をたくさん食べる

きょうはパーティー。サラダだよ！

夏には、スイカなどたくさんのくだものがならぶ

あまずっぱいザクロ

サブラトもお手伝い

羊の肉のマントゥ

ウズベキスタン名物、プロフ

家族そろっていただきます！ ごはんの前にはかならずお祈りをする

サマルカンドのパン

牛の睾丸のシャシリク

最近はやりのハンバーガー

うどんのようなラグマン

マントゥはサワークリームをつけて

人気のシャシリク屋さん

砂漠のなかのオアシス都市、サマルカンドには森もある

ホテルの前の噴水で泳ぐ子どもたち

女性の民族衣装はとてもあざやか

サマルカンド

　サマルカンドは、「青の都」「シルクロードのオアシス都市」「中央アジアの交差点」などとよばれる、美しい都市です。シルクロードという、中国からローマへつづいた道の中心地で、古来から人びとが行きかい、いろいろなものや文化が往来した場所です。中国で発明された紙がサマルカンドに伝わり、ここからヨーロッパへ広がったともいわれてい

バザールにあるバスターミナルで

働きものの車！

あげパン屋さん

路地が子どもたちのあそび場

バザールで商売をする家族

大きな道路のむこうは、イスラム教の聖なるたてもの、シャーヒズィンダ廟群

ます。大むかしの1220年、いまのアフラシャブの丘にあった街は、チンギス・ハンひきいるモンゴル軍に、こっぱみじんに破壊されました。その後、あらたにこの土地の指導者となったティムールが交易の中心を現在のレギスタン広場にうつし、あたらしいサマルカンドができました。イスラム教の学校メドレセやモスク、巡礼者の宿であるハナカがたてられ、イスラム世界の宝石としてサマルカンドは生まれかわったのです。いまでは、街全体が世界遺産に登録され、世界中から人びとがおとずれます。

バスの車掌さん

パン職人のおじさん

伝統的な紙すきを見せてもらうサブラト

郊外にあるりっぱなパーティー会場

テーブルごとに祈りをささげ、いただきます

豪華にかざられた、新郎新婦の席

おばあさんの姉妹。にてる？

600人の大結婚式

郊外にたつ、宮殿のようなりっぱなたてもの。そこにたくさんの車がのりつけられ、わらわらと人がおりてきて、男女にわかれてならび、あくしゅをかわしながら宮殿に入って行きます。

きょうはサブラトのいとこの結婚式。2階だての広い会場には、たくさんの食べものと飲みものが置かれたテーブルがならんでいます。大きな音でバ

ウズベキスタンの結婚式は、たくさんの人があつまる。600人でもふつう

親族を紹介するおばあさん

踊り子さんもやってくる

踊り子さんにまけないくらいに踊るサブラト

ンドが音楽をならし、マイクを持った司会者がみんなをもりあげます。はじめにお祈りをし、大人はお酒で乾杯。食事をいただきます。新郎と新婦の紹介のあとはお金がまかれ、子どもたちがわれ先にと、ひろいあつめます。おなかが落ちつくと、老若男女みんな楽しそうに踊りはじめました。いつもは、はずかしがりやのサブラトも、思いっきり踊っていました。この結婚式にあつまったのはなんと600人。知りあいみんなでお祝いし、楽しみ、これからも助けあおうという気もちであふれていました。

よいしょ！　大工さんといっしょに木材をはこぶ

家作りを手伝う(?)サブラト

家が大きくなる！！

　台所を広げて、その2階にサブラトの部屋を作る！　お父さんの計画がはじまりました。レンガや木材、コンクリートを作る砂などが家の庭にはこばれてきます。大工さんたちも何人かやってきました。木で枠を作り、鉄筋をならべ、コンクリートをながしこんで柱をたて、そのあと、柱のあいだにレンガをならべて壁を作ります。

お父さんが設計図を見せてくれた

ここがぼくの部屋になる！

のこぎりもバザールで買ってくる

休けい時間はナルドでひと息

　自分の部屋ができるサブラトは、とってもうれしそうに手伝っています。といっても、サブラトにできることは、砂や木材をはこぶくらい。お手伝いになっているかな？！　若い大工さんと仲よくなり、休みの時間に「ナルド」というウズベキスタンの将棋でいっしょにあそんでいました。

　お父さんとお母さんが働いてためたお金で少しずつ家を大きくして、最後は庭の木をかこむように2階だてのゲストハウスにする計画です。サブラト一家の夢が、ついに現実に動きはじめました。

日曜日はおばあさんの家に

　毎週日曜日は、お母さんの実家、飛行場の近くにあるおばあさんの家に行きます。この日は、サブラトたち孫がせいぞろい。サブラトは大好きなおばあさんにあまえながら、楽しそうに話をしています。

　大きなテーブルを全員でかこみます。母の味、おばあさん特製のプロフと、ロシア風のサラダ、パン

きょうは大好きなおばあさんにあまえます

孫がせいぞろい！楽しい食卓

料理を作るおばさんのお手伝い

などをいただきました。

　こうした、おおぜいがあつまるウズベキスタンのパーティーでは、タンバリンとシンバルがあわさったような民族楽器、ドイラがかならず登場します。

　ドイラを打ちならしながら、おばあさんがいい声で歌うと、お姉ちゃんが踊りだしました。それにあわせてみんなが手拍子を打ち、もりあがります。家族のきずなを感じる、あたたかい気もちになるパーティーでした。

やっぱり！！　ウズベキスタンの家庭の味、プロフが登場！

サブラトが小さいころのビデオをみんなで見る。ちょっとはずかしい

民族楽器、ドイラをたたけば……

お姉ちゃんが踊りだす！

ウズベキスタンのあらまし

※データは2023年現在のもの

サマルカンド近郊のウルグット

国名
ウズベキスタン共和国

人口
約3440万人

首都
タシケント

言語
公用語はウズベク語。ほかにロシア語、タジク語など

民族
ウズベク系84.4％、タジク系4.9％、カザフ系、カラカルパルク系、ロシア系など

国土
ユーラシア大陸の中央部に位置する内陸の国。西から北はカザフスタン、東から南はキルギス、タジキスタン、アフガニスタン、トルクメニスタンと国境を接している。国土の西半分はキジルクム砂漠。東南部は大河が多い。東は山地。カザフスタンとの国境をまたいで塩湖の「アラル海」がある。アラル海の南側には、独自の文化を持ち自治権のある「カラカルパクスタン共和国」が国内にある。面積は約44万7400km²で、日本の約1.2倍。

気候
大陸性の気候で、夏と冬の気温の差が著しく、昼と夜の気温の変化も大きい。雨は少なく、乾燥している。タシケントの平均気温は1月は1.9℃、7月は27.8℃。

通貨
通貨はスム。84スムが約1円。

政治
共和制。元首は大統領で、国民の直接選挙でえらばれ、任期5年。議会は二院制で上院は100議席、下院は150議席、どちらも任期5年。上院の16議席は大統領が指名する。選挙権は18才から。

歴史
紀元前から河川の流域にソグド人がくらした。一帯は中国と西洋を結ぶ交易路で、おもに中国の絹がはこばれたことから「シルクロード（絹の道）」とよばれる道の途中にあり、商品をはこぶ隊商が水を得られる「オアシス」として、サマルカンド、ブハラなどの都市がさかえた。8世紀にはアラブ人に支配され、イスラム教が広まった。751年に唐（いまの中国）との間に戦いが起こり、このとき、中国で発明されていた製紙の技術がサマルカンドに伝わり、やがて西洋にも広まった。13世紀にはモンゴルのチンギス・ハンが支配、14世紀にはモンゴルの豪族だったティムー

手織りのじゅうたんが有名。染色から機織りまで、ほぼすべてが手作業

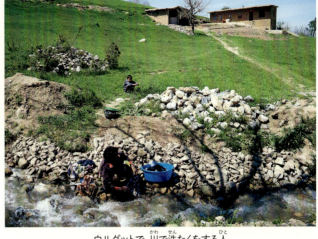
ウルグットで。川で洗たくをする人

11世紀から15世紀にかけてたてられた、シャーヒズィンダ廟群

伝統的なししゅうの布、スザニ

シルクロードを行く人びとの像

ウズベキスタンの紙幣

ルがティムール帝国をおこし、サマルカンドを首都として領土を広げた。16世紀からはウズベク人が支配した。1867年にロシアがタシケントに総督府を置き、植民地化を進める。1917年、ロシア革命によってロシアがソビエト社会主義共和国となると、ウズベク・ソビエト社会主義共和国とされ、周辺の国々とともにソビエト社会主義共和国連邦（ソ連）の国のひとつとなった。1986年以降、連邦の各国で民族運動が活発になった。そのようななか、1990年にカリモフが大統領に就任し主権はソ連ではなく共和国にあることを宣言。翌年の1991年8月にはウズベキスタン共和国の独立を宣言した。1991年12月のソ連の解体後に行われた選挙でもカリモフが当選し、独立後初の大統領に就任した。その後も繰り返し再選し、20年以上もの間、政権の座についたが、2016年に急逝。ミルジヨーエフ大統領が就任した。国民の半数以上が30才以下と若く、安定した経済成長をとげている。

産業

天然資源にめぐまれ、金の埋蔵量は世界第4位、そのほか石炭、天然ガス、原油、ウランなどがとれる。綿花の栽培はソ連のころからさかんで、生産量は世界第6位。ブドウやたばこなどの生産も多い。おもな貿易相手国は、ロシア、中国、カザフスタン、韓国、トルコなど。

教育

7才から学校に通い、高校の18才までが義務教育で無償。小学校4年、中学校5年、高校3年で、小中学校は一貫校。高校は、ふつうの高校と職業高校の2種類がある。大学は4年。

宗教

おもにイスラム教（スンニ派）。そのほかロシア正教、ユダヤ教など。18％ほどが無宗教。

アラル海

塩分を含む湖で、世界で4番目に広かった。しかし、ソ連時代の大規模な灌漑により、流れこむ川の水の量が激減し、現在は5分の1の広さに縮小。漁業はできなくなり、干上がった湖底の塩分が飛び散ったことでまわりの土地では作物が育たなくなっている。

あとがき

　以前はソビエト連邦（ソ連）という国の一部だった「スタン系」とよばれる地域。「スタン」には「〜の土地」という意味があります。ウズベキスタンは「ウズベク人の土地」という意味です。いまのウズベキスタンのなかには、たくさんの民族がいて、それぞれが自分の土地や血統に誇りを持って生きています。シルクロードの中心地という地理的な条件に、きびしすぎないイスラム教とソ連時代の共産主義の経験、多彩な民族がまじりあって、ウズベキスタンができあがっています。

　さらに、この国には若い人の人口が多く、原油や天然ガスなどの資源もあります。平和がつづき、サブラトのような子どもたちが未来を作り、利益をうまくみんなでわけられれば、どんどんと成長する可能性に満ちている国だと思います。

　もともとは遊牧生活をしていた人びとがくらすこの土地は、古来より人の往来が多く、旅人を友好的にむかえる雰囲気がありました。今回出会ったサブラト一家には、本当にあたたかく受けいれてもらいました。おじいさんやおばあさんの家では、うらやましくなるほどの家族のきずながありました。バスや鉄道で体の弱い人に席をゆずるというあたりまえのことをはじめとするイスラム世界の規律、学びに対する真摯さ、楽しいときに思いっきり歌い踊る感性、忘れてはいけないことが、ここにくらす人たちにはたくさんあるように感じました。

　サマルカンドの滞在中、いま私が知り生きる世界と「何がちがうのか！」、「何が大切なのか！」ということを考えていました。電車から広大な風景をながめ「これから俺はどこをめざすかなあ」と、思いをはせました。世界を見ることで、自分がどこにたっているかを知り、自分の進むべき道を考えながら私は歩んでいます。この世界を少しずつ知って、これからも歩みを進めて写真にしようと思います。

――百々新

百々新　どど あらた
1974年、大阪府生まれ。奈良県広陵町育ち。1995年写真展「上海新世紀計画」開催。同展でコニカ新しい写真家登場グランプリ受賞。1997年、大阪芸術大学写真学科卒業。写真集『上海の流儀』(Mole出版)で、2000年日本写真協会新人賞受賞。2004年、NY ADC 審査員特別賞、2009年APA広告賞特選賞。2012年、写真集『対岸』(赤々舎)で、第38回木村伊兵衛写真賞受賞。http://dodoarata.web.fc2.com

世界のともだち 36
ウズベキスタン
シルクロードの少年 サブラト

写真・文	百々新
発行	2016年4月1刷　2023年4月2刷
発行者	今村正樹
発行所	偕成社
	〒162-8450　東京都新宿区市谷砂土原町3-5
TEL	03-3260-3221［販売部］　03-3260-3229［編集部］
URL	https://www.kaiseisha.co.jp/
印刷	大日本印刷
製本	難波製本
デザイン	寄藤文平＋鈴木千佳子（文平銀座）
	浜名信次（Beach）
イラスト	鈴木千佳子
編集協力	島本脩二
執筆協力	山田智子（P.38-39）
取材協力	中村瑞希　岩崎透　フィルダウス

【おもな参考書籍・ウェブサイト】
・『データブック オブ・ザ・ワールド 2023 世界各国要覧と最新統計』二宮書店
・外務省ウェブサイト（国・地域　ウズベキスタン共和国）http://www.mofa.go.jp/mofaj/area/uzbekistan/
・岩村忍『文明の十字路＝中央アジアの歴史』講談社学術文庫
・宇山智彦『中央アジアを知るための60章［第2版］』明石書店

NDC748　25cm　40P.　ISBN978-4-03-648360-0　©2016, Arata DODO Published by KAISEI-SHA. Printed in Japan.
落丁本・乱丁本はお取り替えいたします。本のご注文は電話、FAX、またはEメールでお受けしています。
Tel:03-3260-3221　Fax:03-3260-3222　E-mail:sales@kaiseisha.co.jp